AF357246

Revendications de la Perse devant la Conférence des Préliminaires de Paix à Paris

I. — *Revendications concernant l'Indépendance politique, judiciaire et économique.*

II. — *Droit aux Restitutions territoriales.*

III. — *Droit aux Réparations.*

Paris, Mars 1919.

I

Revendications concernant l'Indépendance politique judiciaire et économique

———————◆———————

L'importance de la Perse et le rôle glorieux qu'elle a joué dans les siècles passés ne sont ignorés de personne : ceux qui connaissent bien l'Orient savent que les Persans sont un peuple intelligent et que de tout temps la Perse a produit des savants et des penseurs. La nation persane a occupé un des plus hauts rangs parmi les peuples par sa contribution à la littérature, à la philosophie, aux arts, à la science et à la civilisation du monde.

Cette antique Nation a malheureusement été affaiblie depuis plus d'un siècle, et arrêtée dans sa marche vers le progrès par le fait qu'au moment où elle voulait adopter les nouvelles méthodes de la civilisation européenne, elle s'est trouvée en face de voisins plus forts qui ne pensaient qu'à son affaiblissement et à la suppression de son indépendance.

Le principe de l'indépendance et de l'intégrité de la Perse a, cependant, été affirmé et confirmé maintes fois par les Puissances qui se sont engagées à le respecter ; malheureusement certaines d'entre elles l'ont en pratique violé, directement ou indirectement, et de cette façon elles ont, non seulement commis une injustice, mais empêché le développement de la Perse tant au point de vue des réformes administratives qu'à celui de la mise en valeur de ses richesses.

Voilà pourquoi le Gouvernement Persan demande aujourd'hui à la Conférence de la Paix que les Conventions, Traités et précédents portant atteinte à son indépendance soient annulés et que des garanties lui soient données pour l'avenir.

Il est nécessaire ici de présenter le résumé des violations infligées à l'indépendance de la Perse, afin que les motifs sur lesquels reposent les revendications du Gouvernement Persan puissent être mieux compris.

Les coups portés à la Perse ont violé son indépendance au triple point de vue : politique, économique et judiciaire. Ils ont été portés parfois par écrit et souvent par simples actes. La plupart des atteintes ont été faites sur l'initiative de la Russie, et bien que la Grande-Bretagne ait eu

en général une politique contraire et désirât autant que possible atténuer les effets de la politique agressive de sa rivale, ne voulant pas d'autre
part être devancée par celle-ci, elle s'est souvent associée aux mesures
prises par le Gouvernement russe.

L'indépendance de la Perse a subi les atteintes suivantes :

1. — AU POINT DE VUE POLITIQUE :

a) En 1907, un accord fut établi entre la Russie et l'Angleterre divi-
sant la Perse en une sphère d'influence russe au Nord, une sphère d'influence anglaise dans le Sud et une zone neutre entre les deux. L'arran-
gement communiqué au Gouvernement Persan fut repoussé par lui, mais
les deux Puissances obligèrent la Perse en 1912, sous la même pression
qui lui fit congédier la mission Shuster, à reconnaître l'Accord précité et
à s'y conformer.

Après la chute de l'ancien régime russe, qui avait imposé à la Perse
des traités, conventions et engagements contraires à son indépendance,
le Gouvernement Persan, prenant acte des déclarations et assurances du
Gouvernement libéral, successeur immédiat du Tzarisme, qui s'était pro-
noncé en faveur de la liberté et de l'indépendance des peuples, dénonça
les traités, conventions et concessions le liant à l'ancienne Russie et toujours arrachés par force. Parmi ces conventions figurait l'Accord de 1907,
et le Gouvernement Britannique, qui était lui-même une des parties
contractantes, a déjà adhéré au principe de l'annulation de cet accord.

b) En 1910, les Gouvernements Anglais et Russe posaient comme
condition essentielle à la conclusion d'emprunts au dehors, que des concessions pouvant être considérées par eux comme contraires à leurs intérêts politiques et stratégiques ne fussent point octroyées par la Perse à de
tierces Puissances ou à leurs sujets. Cette stipulation, étant manifestement
incompatible avec l'indépendance politique et économique de la Perse, fut
repoussée par le Gouvernement Persan; mais les deux Puissances n'aban-
donnèrent point leurs prétentions.

c) En 1911, le Gouvernement Russe voyant que M. Shuster, engagé
au service de la Perse pour la réorganisation de ses finances, s'était mis
activement à l'œuvre et aurait pu dégager ce pays du joug russe au point
de vue financier, arrivant à faire partager ses vues à la Grande-Bretagne,
adressa un ultimatum à la Perse: il l'obligeait à faire partir M. Shuster et
sa mission et, en outre, à ne plus prendre à son service des fonctionnaires
étrangers, sans le consentement préalable de la Russie et de la Grande-
Bretagne. C'est ainsi que le Gouvernement Persan fut empêché, par suite
des restrictions et des obstacles qui lui étaient opposés, de réorganiser ses
finances et de réformer ses autres administrations.

d) Depuis dix ans, la Russie, animée d'hostilité envers le régime libéral Persan et désireuse d'accroître son autorité en Perse, accordait sous différents prétextes sa protection à des sujets persans. Les autorités consulaires russes ne se gênaient point pour élargir le cercle de cette protection — si bien que les gens en état de rébellion trouvaient toujours asile chez elles et réussissaient à se soustraire à la justice territoriale. Des difficultés considérables étaient ainsi créées au Gouvernement; la sécurité publique en était ébranlée.

e) Les Puissances voisines, soucieuses de voir les affaires de la Perse prendre un cours entièrement parallèle à leurs intérêts et à leurs visées, intervenaient dans les questions purement intérieures, telles que la nomination et la révocation de Gouverneurs ou d'autres hauts fonctionnaires, l'administration des finances, la constitution de forces militaires, les services des Postes et des Télégraphes, etc., etc... Elles paralysaient ainsi les efforts du Gouvernement Persan : elles lui suscitaient des ennuis très nuisibles à son prestige et à la bonne marche des affaires.

f) Les sujets étrangers, appuyés par leurs Légations, se refusaient à payer les impôts dont étaient passibles les nationaux et créaient de ce fait une injuste concurrence aux sujets persans qui, contrairement à tous les usages, étaient traités dans leur propre pays sur un pied moins favorable que les étrangers.

g) Certaines Puissances étrangères entraient parfois en pourparlers directs et concluaient des pactes avec les chefs de tribus persanes, à l'insu du Gouvernement Persan dont la souveraineté et le prestige étaient ainsi atteints.

h) Les Légations, Consulats et Établissements étrangers en Perse ont toujours joui des plus grands égards et d'une parfaite sécurité. Le Gouvernement Russe et, plus tard, le Gouvernement Britannique ont, cependant, introduit des escortes armées en Perse, à titre de garde consulaire, alors que le Gouvernement Persan a toujours protégé les Légations et Consulats russes et britanniques comme les autres missions étrangères. Aucune de ces missions n'a d'ailleurs jamais eu sujet de plainte.

i) De même, la vie et les biens des sujets étrangers en Perse avaient toujours été respectés, même dans les périodes les plus troublées. Cependant, le Gouvernement Russe, pour affermir sa position, intimider les libéraux persans et pour atteindre son but, qui était la suppression de l'indépendance de la Perse et l'occupation de son territoire, fit entrer des troupes dans le Pays : il les y maintint pendant dix ans, d'abord en Azerbaidjan et, petit à petit, dans les autres provinces septentrionales : puis, menaçant constamment la capitale, il atteignit la plupart de ses buts illégitimes. Ces procédés gênaient naturellement le Gouvernement Persan, lui enlevaient son prestige dans les provinces et l'empêchaient de se livrer aux réformes nécessaires en encourageant les éléments réactionnaires et turbulents. En réponse aux protestations réitérées du Gouvernement Persan, la Russie promettait toujours d'évacuer la Perse ; mais, loin de remplir ses promesses, elle augmentait ses effectifs. Les choses en étaient là lorsque la guerre de 1914 éclata.

Le refus de la Russie de respecter la neutralité persane et de retirer ses troupes de la Perse fournit un prétexte aux Turcs pour envahir l'Azerbaïdjan et les provinces de l'Ouest, aux Allemands pour agiter le pays, et aux Anglais l'occasion de débarquer des forces dans le sud et d'occuper, à l'instar des Russes, leur zone d'influence aussi bien que la zone neutre.

La Perse devint ainsi le théâtre d'hostilités qu'elle voulait éviter à tout prix : ses populations subirent les horreurs de la guerre, autant que les Puissances belligérantes les plus éprouvées.

f) La Russie s'est toujours efforcée d'empêcher en Perse la formation d'une force nationale capable d'assurer l'ordre et la tranquillité ; elle s'est opposée même à la pénétration des troupes de la gendarmerie et de la police dans les provinces du nord ; elle s'est appliquée, surtout dans les dernières années, à restreindre l'armée persane à la « Brigade des Cosaques » : force organisée par les officiers russes, ne servant qu'à la cause de la Russie et ne tendant qu'à l'envahissement de la Perse. Enfin pendant la guerre européenne, la Russie profita de l'occasion et, ralliant encore une fois l'Angleterre à son point de vue, exigea du Gouvernement Persan la transformation de la « Brigade des Cosaques » en une division pour maintenir l'ordre dans le nord sous le commandement d'officiers russes, et la création d'une force analogue dans le sud sous le commandement d'officiers anglais. La mesure précitée, ayant à nouveau suscité la protestation du Gouvernement Persan, qui avait à cœur l'organisation d'une force homogène pour tout l'Empire, a abouti à ce que le Gouvernement de Sa Majesté Britannique, voulant aller au-devant du désir du Gouvernement Persan, a déclaré, par une note adressée récemment au Cabinet de Téhéran, être prêt à l'abandon de ladite force au Gouvernement Persan.

2. — AU POINT DE VUE JUDICIAIRE :

a) La première atteinte à l'indépendance judiciaire de la Perse a été portée par le traité de Turkmantchaï, conclu entre la Russie et la Perse en 1828, où il est stipulé à l'article 7, que les procès des sujets russes avec les Persans doivent être jugés en présence des représentants de la Russie.

b) Plus tard, en pratique, les représentants sont intervenus dans les procès : cette intervention est expressément formulée dans les traités qui ont été conclus entre la Perse et certaines Puissances telles que l'Allemagne et l'Autriche.

c) En vertu des mêmes traités et par suite des interprétations abusives qui en ont été faites, les sujets étrangers en Perse sont presque hors d'atteinte de la police et de la justice persanes, de sorte qu'ils peuvent commettre toutes sortes de crimes et délits sans être poursuivis par les autorités persanes. Dans les affaires civiles même, il arrive souvent que les Persans se trouvent en état d'infériorité vis-à-vis des étrangers par suite de la situation privilégiée qui a été créée à ceux-ci.

Cependant le Gouvernement Persan, depuis plusieurs années, est entré résolument dans la voie des réformes judiciaires. Avec l'aide de conseillers étrangers, il a procédé à l'organisation de sa justice en prenant la France comme modèle: l'œuvre de codification se poursuit activement; sous peu, la justice persane offrira toutes les garanties de la justice des Etats d'Europe. Il n'y a par conséquent aucune raison pour continuer indéfiniment la situation particulière créée aux étrangers en Perse; il conviendra d'y mettre un terme.

3. — AU POINT DE VUE ÉCONOMIQUE :

a) Nous avons déjà signalé les efforts que la Russie a toujours faits pour entraver le développement économique de la Perse et pour mettre la main sur toutes ses ressources. Dans ce but, elle s'est opposée à la construction de lignes de chemins de fer en Perse : cette opposition a été d'autant plus efficace que la Perse ne pouvait se créer des chemins de fer sans le concours des étrangers en ce qui concerne les capitaux, le matériel et le personnel technique. Dans cette voie, la Russie est allée jusqu'à obtenir du Gouvernement Persan des concessions qu'elle a laissées en suspens. Le Gouvernement Britannique de son côté ne pouvait rester indifférent sur ce point : dans le sud de la Perse, il a agi de la même façon que son rival du nord. Comme résultat, la Perse est restée jusqu'ici sans chemins de fer et privée des moyens essentiels de son développement économique.

b) Forcée d'agir conformément aux termes de la Convention de 1907, et de la Note de 1910, la Perse a été privée du moyen d'attirer les capitaux étrangers et les initiatives étrangères pour utiliser ses ressources économiques. D'ailleurs, les Gouvernements ou sujets étrangers se sont fait donner par le Gouvernement Persan des concessions industrielles, commerciales et agricoles à des conditions tout à fait incompatibles avec les intérêts économiques de la Perse, et, souvent même, contrairement aux lois fondamentales du Pays.

Il est entendu que le Gouvernement Persan, ayant besoin des capitaux et de l'outillage étrangers pour pouvoir développer ses ressources économiques, est désireux de profiter autant que possible du concours financier et technique des étrangers, mais la plupart des concessions obtenues jusqu'ici ont eu des visées politiques et n'ont par conséquent pas aidé au progrès économique de la Perse. Pour que le pays puisse utiliser ses ressources, il est absolument nécessaire que les concessions en vigueur soient revisées afin que les clauses contraires aux intérêts économiques de la Perse soient rapportées.

c) La Convention douanière conclue entre la Russie et la Perse en 1901 a été conçue dans le double but de supprimer l'exportation des produits fabriqués persans et de fermer la Perse au commerce des autres pays. L'industrie persane a, de la sorte, périclité de plus en plus. Les Russes ont réussi, dans leur plan, d'isoler économiquement la Perse, d'autant mieux qu'ils ne permettaient pas le transit par le Caucase. Les derniers tarifs douaniers avaient été tellement préjudiciables au commerce étranger en Perse que la Grande-Bretagne ne put en accepter l'application à ses marchandises et de concert avec le Gouvernement Persan fit établir de nouveaux tarifs qui rectifiaient la situation au point de vue anglais. Cependant le Gouvernement Persan, conformément aux principes de M. le Président Wilson, souhaitant la porte ouverte en Perse et l'égalité de traitement pour toutes les Nations, désire reviser son tarif douanier et conclure des traités de commerce avec les pays étrangers sur la base de sa liberté économique.

Cet exposé sommaire permettra de se rendre compte des tentatives faites jusqu'ici pour limiter l'indépendance politique, judiciaire et économique de la Perse, et démontrer de quelle façon les Persans ont été opprimés et mis dans leur propre pays en état d'infériorité vis-à-vis des étrangers, et comment le développement économique de la Perse a été entravé.

La nouvelle ère de justice et d'équité qui s'ouvre pour tous les pays, et qui laisse entrevoir l'avénement du règne de l'Humanité et de la Justice sous l'égide de la Ligue des Nations, donne à la Perse la ferme conviction que les atteintes portées jusqu'ici à son indépendance politique, judiciaire et économique seront réparées et qu'elle pourra sans entraves se consacrer, sur la base de son indépendance et de sa souveraineté complètes, aux réformes nécessaires et à la mise en valeur de ses richesses.

CONCLUSIONS

Le Gouvernement Persan réclame, donc :

a) Que l'Accord anglo-russe de 1907 soit définitivement considéré comme sans effet, vis-à-vis des Puissances signataires, vis-à-vis de la Perse, et vis-à-vis de toute Puissance qui aurait pu y adhérer ou reconnaître, totalement ou partiellement, la situation créée par lui ;

b) Que la Note de 1910, interdisant l'octroi de concessions d'ordre politique et stratégique aux étrangers, soit rapportée ;

c) Que l'Ultimatum de 1911, obligeant la Perse à s'engager à ne prendre à son service des étrangers qu'avec le consentement préalable de la Russie et de l'Angleterre, soit considéré comme nul et non avenu ainsi que les effets qui auraient pu ou pourraient en découler ;

d) Que les Puissances étrangères s'abstiennent de protéger en Perse les sujets persans ;

e) Que les Puissances étrangères cessent de s'immiscer dans les affaires intérieures de la Perse ;

f) Que les étrangers soient mis sur le même pied que les Persans en ce qui concerne le paiement des impôts ;

g) Que les forces armées étrangères et les gardes consulaires se retirent du territoire persan ;

h) Que les Traités de la Perse avec les Pays étrangers soient soumis à une revision à l'effet d'en éliminer les clauses portant atteinte à l'indépendance politique, économique et judiciaire de la Perse ;

i) Que les concessions obtenues par les étrangers soient revisées et les stipulations nuisibles aux intérêts économiques de la Perse soient rapportées ;

j) Que le droit soit reconnu à la Perse d'édicter ou de reviser librement ses tarifs douaniers, et que l'empêchement du libre transit des marchandises étrangères vers la Perse soit supprimé.

II

Droit aux restitutions territoriales

La Perse est un pays qui a des frontières naturelles. En remontant le cours de son histoire, qui, même à ne commencer qu'avec Cyrus, s'étend sur une période de vingt-cinq siècles, on voit que les nombreux Empires, qui se sont succédé dans ce pays, ont généralement atteint ses limites naturelles comprenant les territoires situés entre le fleuve Amou Darya, les montagnes du Caucase, les fleuves du Tigre et de l'Euphrate et le Golfe persique.

Les habitants de cette région ont toujours été en grande partie de la race iranienne. Les Empires fondés dans ce pays ont toujours été considérés comme des Empires iraniens. Si quelques parties de ces territoires ont parfois été enlevées à la Perse, les Persans les ont rapidement reconquises. Sans vouloir rappeler la grandeur des Empires de Perse dans l'antiquité, et à ne considérer que les temps modernes, on constatera qu'à l'époque des Séfévides, de Nadir Chah et même sous les premiers Kadjars, c'est-à-dire aux XVIe, XVIIe et XVIIIe siècles, la Perse s'étendait jusqu'à ses limites naturelles et défendait ses territoires contre tous les envahisseurs.

Dans les premières années du XIXe siècle, la Perse affaiblie par une longue période de guerres civiles et de luttes soutenues contre l'étranger se trouva en présence de voisins qui étaient devenus grands et forts et qui ne manquèrent pas d'envahir ses territoires. Elle ne put se défendre comme elle l'avait fait dans le passé. Une partie de son patrimoine lui fut donc arrachée.

Les atteintes portées à l'intégrité de la Perse ont été le fait des Russes au Nord et celui des Turcs à l'Ouest.

Les Russes ont commencé d'abord au Caucase. Durant deux guerres qu'ils ont faites à la Perse, ils ont pris possession, en 1813 et 1828, d'une partie importante du territoire persan. Plus tard, ils ont profité de ce que la Perse était épuisée par ces guerres ainsi que par celles qu'elle avait soutenues contre les Turcs, pour avancer du côté de la province transcaspienne. Enfin, en 1881, le Gouvernement Persan crut devoir entrer en négociations avec le Gouvernement du Tzar pour fixer une frontière et mettre un terme aux envahissements russes. En conséquence de cette délimitation de frontière, une grande partie du territoire persan fut encore détachée : c'était la région comprise entre l'Amou-Darya et l'Atrek.

L'enlèvement de ces provinces à la Perse constituait en lui-même un acte d'iniquité ; mais la Russie ne s'arrêta pas à cette considération. Au cours des négociations et des arrangements territoriaux qu'elle fit avec la Perse, elle commit encore nombre d'autres injustices. A titre d'exemple, on peut citer le cas de la délimitation de frontière faite en Transcaucasie. Il fut entendu que de ce côté l'Araxe séparerait la Russie de la Perse ; mais dans la partie orientale de cette région, les Russes se départirent de cette frontière naturelle et s'emparèrent d'une partie des territoires situés au sud de la rivière, en fixant une frontière arbitraire ; ils s'attribuèrent ainsi une grande partie des deux provinces de Moghan et de Talich, séparant, sans raison légitime, des populations qui avaient coutume de vivre unies et en relations constantes. Ce faisant, ils suscitaient pour eux-mêmes et pour la Perse des embarras perpétuels. De plus, comme il était impossible de fixer une limite naturelle dans ces régions, ils trouvaient toujours le moyen d'avancer en territoire persan et de provoquer des querelles de frontière.

Sur le littoral de la Mer Caspienne et du côté du Khorassan, la Perse a été en butte aux mêmes difficultés et aux mêmes violations de droit. En outre, les Russes lui ont imposé des conditions dont l'injustice est criante. Dans certaines régions avoisinant la frontière, ils ont interdit aux habitants des villages persans d'employer l'eau des rivières qui prenaient leur source en Perse, et traversaient le territoire annexé par la Russie. Ils stipulaient que les villageois persans ne devaient pas donner d'extension à leur culture, pour que l'eau des rivières ne fût pas absorbée par les irrigations persanes et qu'elle arrivât intégralement en territoire russe. En conséquence de ces stipulations, de vastes et riches propriétés persanes ont été détruites ou sont restées incultes.

Les agressions de la Turquie n'ont pas été moindres du côté de l'Ouest. Elle a pris possession de vastes territoires qui appartenaient à la Perse, et, pendant les derniers siècles, elle lui a toujours cherché querelle à propos des frontières. Le Gouvernement Persan s'est constamment montré très conciliant. En 1847, même en vertu du dernier traité d'Erzeroum, il a cédé la région de Suleymanieh à la Turquie, pour couper court aux prétentions de celle-ci sur Mohammerah. Cependant la Turquie demeurait difficile et exigeante ; elle envahit en 1907 une étendue de pays contesté qu'elle n'évacua qu'en 1914, se réservant toutefois encore une portion de territoire qui servait de résidence d'été à diverses tribus persanes.

Cet exposé sommaire montre clairement combien la Perse a été opprimée par la Russie et la Turquie au point de vue territorial. Maintenant qu'il a été décidé que les injustices faites aux peuples seraient réparées et que les pays soumis aux Turcs et aux Russes seraient libérés pour leur permettre de se constituer sur des bases justes et logiques, la Perse demande, au nom du droit et de l'équité, qu'on lui restitue les territoires qui lui ont été arrachés par force et injustement. Elle demande que ses frontières soient fixées conformément aux règles du droit et de la nature, de façon qu'elle soit désormais à l'abri des envahissements de ses voisins.

Voici, en résumé, les revendications territoriales de la Perse :

1°. — *Au nord-est, la province transcaspienne.*

Cette province a toujours fait partie de la Perse; elle est même considérée comme un des foyers de la nationalité persane. Des Persans illustres — poètes, littérateurs, savants, philosophes — sont, en grand nombre, originaires de cette province. La langue persane y est répandue; elle est même parlée bien au delà, jusqu'à Bokhara et Samarkand. Les habitants de cette région sont en grande partie Persans (Kurdes, Tadjiks, Persans émigrés). Les autres sont des Turcomans, c'est-à-dire qu'ils appartiennent aux mêmes tribus qui peuplent la région d'Astrabad, province actuellement persane; ils entretiennent avec leurs compatriotes, de l'autre côté de la frontière, les relations les plus intimes et les plus suivies. D'ailleurs, dernièrement, quand à la suite de la Révolution Russe des troubles ont éclaté en Russie, les habitants de la province transcaspienne, en particulier les Turcomans des steppes et les habitants de Sarakhs, se trouvant exposés aux pillages et aux massacres des Bolcheviks, ont demandé secours à la Perse et exprimé le désir de retourner à la mère-patrie. Le Gouvernement Persan ne manqua pas de donner suite à leur requête et d'envoyer des troupes qui les protégèrent en réprimant les incursions des Bolcheviks.

2° — *Au nord, les villes et provinces arrachées à la Perse à la suite des guerres russes. Nous citerons : Bakou, Chirvan, Derbent, Chakki, Chemakha, Guendja (Elisabetpol), Karabagh, Nakhdjevan, Erivan.*

Ces provinces doivent revenir à la Perse, car elles ont déjà fait partie de ce pays. Les habitants y sont en grande majorité musulmans et la plupart sont Persans d'origine et de race. Enfin à tous les points de vue, historique, géographique, économique, commercial, religieux, cultural, ils sont rattachés à la Perse. Du reste, tout dernièrement, une grande partie des habitants de ces provinces se sont adressés au Gouvernement de Téhéran pour réclamer sa protection et ont exprimé le désir de faire retour à la Perse.

3° — *A l'Ouest, la partie du Kurdistan qui faisait partie de l'empire ottoman.*

Le Kurdistan est un territoire habité par un peuple de race et de langue persanes, professant l'Islamisme. Cette contrée a été partagée entre la Perse et la Turquie. La partie turque comprend :

a) La région de Soleymanieh, enlevée à la Perse par le traité d'Erzeroum cité plus haut, et qui doit en toute justice faire retour à celle-ci ;

b) Le reste du Kurdistan ottoman, que des raisons ethniques, géographiques, religieuses, etc., relient à la Perse, et qu'il est tout naturel de rattacher à ce pays, d'autant plus que les chefs religieux et les notables Kurdes ont exprimé le désir de se réunir à la Perse.

4° — Les liens existant entre la Perse et les Lieux Saints situés en Mésopotamie sont innombrables et incontestables. Les habitants de ces lieux, Kerbela, Nedjef, Kazemein, Samerah, sont en grand nombre d'origine persane ou des émigrés persans. Ces villes constituent le foyer de la religion Chiite qui est la religion officielle de la Perse et celle que tous les Persans ont toujours professée. Les grands chefs spirituels de la Perse y résident; plusieurs milliers de Persans y vont annuellement accomplir un pèlerinage. On peut dire que ces villes, dont le commerce et l'industrie sont en grande partie entre les mains des Persans, vivent de l'argent et de l'activité de la Perse. Par conséquent, le Gouvernement Persan est excessivement intéressé au sort de ces Lieux Saints et demande, lorsque le moment sera venu de régler la question de la Mésopotamie, que ses intérêts de premier ordre soient sauvegardés.

III

Droit aux Réparations

La Perse, bien que pays neutre, a souffert par la guerre des pertes plus sensibles que certains pays belligérants. Sa position spéciale de pays envahi par les armées belligérantes, ses provinces dévastées, sa population décimée lui donnent équitablement droit, par analogie, aux réparations et dédommagements dus aux pays belligérants.

Sa neutralité, en effet, a été violée d'abord par la Russie, ensuite par les autres pays voisins.

Pour mieux exposer la position de la Perse, il est nécessaire de donner un court historique des faits afin de démontrer comment certaines puissances étrangères se sont écartées de la justice et de l'équité dans leurs rapports avec la Perse et comment elles ont sacrifié les intérêts de celle-ci à leurs propres visées.

Au début de la guerre, aussitôt après la mobilisation ottomane, la Russie et l'Angleterre exprimèrent le désir de voir la Perse rester neutre dans le conflit et déclarer sa neutralité. La Russie, dont la politique avait toujours été hostile à la Perse, maintenait, à ce moment là, malgré les protestations du Gouvernement Persan et illégalement, des troupes dans l'Azerbaidjan. Le Gouvernement Persan proposa au Gouvernement de Russie de retirer ses troupes, afin de ne donner aux Turcs aucun prétexte d'envahir la Perse, et d'y créer un foyer d'hostilités. Il avait ajouté que si après le départ des troupes russes, les Turcs essayaient de franchir la frontière persane, le Gouvernement Persan ne manquerait pas de se défendre contre l'agression turque par tous les moyens à sa disposition. Le représentant de l'Angleterre partageait entièrement le point de vue du Gouvernement Persan, mais son collègue de Russie s'y montra opposé. Néammoins, le Gouvernement Persan, jugeant que l'Angleterre et la

France étaient d'accord avec la Russie en demandant la neutralité persane, ne voulut pas, en présence du manque de bon vouloir de la Russie, agir contrairement aux vœux de l'Angleterre et de la France.

Peu de temps après, le Ministre de Russie à Téhéran informa le Gouvernement Persan que la Russie allait augmenter ses effectifs dans l'Azerbaidjan pour faire face aux Turcs. En réponse aux protestations du Gouvernement Persan, qui faisait valoir que la guerre sur son territoire constituerait une violation de sa neutralité et ne manquerait pas d'entraîner la ruine du pays, le Ministre de Russie s'engagea de la part de son Gouvernement à réparer les dommages qui pourraient être causés.

Les provinces de Hamadan, Kermanschah, Kurdistan, et Azerbaidjan, formant les régions les plus fertiles et les plus riches de la Perse, devinrent alors des champs de bataille entre les Russes et les Turcs qui y commirent pillages, incendies, massacres, rapines et viols. Des villes et villages furent bombardés; des forêts détruites, pour faciliter les opérations militaires et fournir du combustible; des milliers de femmes et d'enfants chassés de leurs habitations cherchant asile dans les plaines et montagnes et y mourant de froid et de faim.

Une des plus riches villes d'Azerbaidjan, Ouroumiah, a été pillée et incendiée à plusieurs reprises. Chaque fois que les troupes d'un des Belligérants prenaient possession d'une localité quelconque, les officiers de la force victorieuse réduisaient à la dernière misère les habitants qui avaient eu la chance d'échapper aux exactions et à la cruauté des troupes en retraite. Ce n'était pas seulement dans les régions où l'on se battait que les populations souffraient de la tyrannie des soldats, mais même là où des troupes étaient stationnées sans avoir d'ennemis devant elles, comme dans les provinces de Khorassan et d'Ispahan. A Ispahan, les autorités russes confisquaient les biens des notables au profit du domaine impérial russe; dans la province de Khorassan les Cosaques russes détruisaient les habitations à coups de canon et partout en Perse ils obligeaient les habitants à accepter leur papier-monnaie à sa valeur nominale.

Après le changement de régime en Russie, lorsqu'il fut question de l'évacuation de la Perse, la brutalité des troupes russes, qui avaient perdu toute discipline, s'accentua davantage. Villes, bourgs, villages, fermes, tout ce qui se trouvait sur leur passage fut pillé; rien ne fut épargné. Hamadan et Kazvin furent saccagés; les officiers se déclarèrent impuissants à retenir leurs hommes.

Non contents d'être eux-mêmes les auteurs de tous ces maux subis par la Perse, les Russes contribuaient à en provoquer d'autres. Ils distri buaient des armes parmi les tribus Djelous qui s'étaient réfugiées en Perse pour échapper à la tyrannie ottomane. Ces tribus, armées par les Russes, furent encouragées à combattre les Turcs, et une fois lancées, elles se livrèrent aux pires excès. Avant de quitter le territoire persan, au lieu de reprendre les armes aux Djelous, les Russes leur en fournirent davantage, leur laissant 30 canons et nombre d'officiers instructeurs. Ils purent ainsi continuer leurs déprédations à Urumieh, Salmas et ailleurs; ils massacrèrent les habitants par milliers, y compris des chefs religieux. Ces procédés fournirent immédiatement un prétexte aux Turcs pour revenir une dernière fois en Azerbaidjan et rendre cette malheureuse province victime de nouveaux forfaits.

Une des raisons principales de la grande famine qui sévit en Perse l'année passée, et qui coûta la vie à des milliers de pauvres gens, fut précisément la présence de troupes étrangères et les atrocités qu'elles commirent. La nourriture habituelle de la plupart des Persans est le pain. Dans les provinces où il y a eu des conflits sanglants, les cultivateurs ont péri ou ont été mis hors d'état de semer et de labourer la terre : on leur avait enlevé leurs bœufs et leurs semences, soit pour nourrir les troupes étrangères sur place, soit pour les exporter à l'étranger.

Bien que l'Allemagne n'ait pas été voisine de la Perse, elle a eu une grande part de responsabilité dans les malheurs subis par ce pays. Elle a encouragé les empiétements des Turcs et ses agents ont partout noué des intrigues, semé la corruption et fomenté des troubles politiques.

En résumé, les pertes subies par la Perse, pendant la guerre, se décomposent en trois catégories :

I. — Dommages du fait de la Russie.

II. — Dommages du fait de la Turquie.

III. — Responsabilités de l'Allemagne.

I. — Dommages du fait de la Russie :

A) *En Perse* : 1° Dommages causés à l'Etat :

a) Mort de plusieurs milliers de Persans, tombés victimes de combats livrés en Perse par les armées étrangères;

b) Dégâts et détérioration causés aux propriétés publiques : domaines de l'Etat, bâtiments, fils de télégraphe et de téléphone coupés ou réquisitionnés, forêts incendiées ou rasées, etc. :

c) Entraves au fonctionnement des services du ravitaillement, des postes, etc., par la saisie des bêtes de somme, des fourgons et autres moyens de transport :

d) Dépenses de millions de tomans par le Gouvernement Persan pour atténuer les effets de la famine causée en grande partie par les opérations militaires :

e) Saisie et gaspillage des armes et munitions appartenant à la Perse :

f) Entrave de la perception de l'impôt par l'occupation du territoire et par les désordres qui en résultaient :

g) Importation par les autorités militaires de quantités considérables de marchandises en franchise qui a privé l'administration des Douanes de ses revenus.

2° Dommages causés aux particuliers :

a) Bombardement, destruction et incendie des maisons, fermes, villages, propriétés, etc. :

b) Pillage et confiscation des biens des particuliers :

c) Réquisition des vivres :

d) Cours forcé donné au papier-monnaie russe :

e) Enlèvement et destruction de grandes quantités de céréales et de bestiaux servant respectivement à l'alimentation de la population et aux travaux agricoles qui ont causé la ruine des paysans et ont empêché la culture des champs.

B) *Hors de Perse* :

1° Dommages à l'État : massacre de milliers de sujets persans pendant les troubles qui ont suivi le conflit entre les troupes russes et turques à Bakou et l'apparition du Bolchevisme en Transcaspie et à l'intérieur de la Russie :

2° Dommages aux particuliers :

a) Énormes pertes subies par les négociants et sujets persans dont les marchandises et les biens ont été pillés dans les circonstances mentionnées au 1° ci-dessus :

b) Plusieurs millions de tonnes de riz persan confisquées à Bakou par les autorités russes avant la Révolution, sans que le prix de ces denrées ait jamais été payé.

II. — DOMMAGES DU FAIT DE LA TURQUIE.

A) *En Perse* : mêmes dommages que ceux causés par la Russie à l'État et aux particuliers, et, en plus, subventions exigées des villes occupées.

B) *Hors de Perse :* contrairement au droit international les négociants et sujets persans domiciliés en Turquie étaient astreints par la Sublime Porte au service militaire et souffraient de ce fait, en outre d'une contrainte matérielle et morale, des pertes considérables.

III. — Responsabilités de l'Allemagne.

A) *En Perse :* pour les menées subversives de ses agents qui créaient constamment des difficultés pour le Gouvernement et troublaient le pays.

B) *Hors de Perse :* pour la guerre sous-marine à outrance qui a fait périr des sujets persans sur le *Lusitania* et le *Sussex*, notamment le Prince Bahram, fils du Prince Zilles Soltan. Le Gouvernement Persan a d'ailleurs protesté contre ces procédés allemands et a réservé dans sa note du 14 avril 1916, le droit de demander des réparations.

CONCLUSIONS

Les dommages précités qui ont causé un préjudice énorme à l'État et au peuple persans exigent des réparations suffisantes pour permettre à la Perse de se reconstituer et de reprendre sa vie normale. C'est donc avec confiance que le Gouvernement persan fait appel à l'esprit d'équité de la Conférence de la Paix. Il est persuadé, qu'en vertu des principes proclamés par les Puissances alliées et associées, la Conférence reconnaîtra que la Perse a droit à de justes et légitimes réparations pour ses territoires dévastés et ses populations massacrées.

Tout en laissant les moyens de réparation à l'appréciation de la Conférence, le Gouvernement Persan croit devoir présenter les suggestions suivantes :

1°. — *En ce qui concerne la Russie* une partie très minime des dommages causés par elle pourrait être couverte :

a) Par l'annulation des dettes de la Perse envers la Russie ;

b) Par l'annulation des concessions obtenues par le Gouvernement et les sujets russes ;

c) Saisie des propriétés de l'État russe en Perse.

2°. — *En ce qui concerne la Turquie* le montant des dommages causés par elle à la Perse pourrait être inscrit à sa dette.

3°. — *En ce qui concerne l'Allemagne* le Gouvernement Persan demanderait à recevoir une part de l'indemnité qui sera exigée d'elle.

Il est à noter, en dernier lieu, que les Puissances étrangères ont soutenu que des pertes auraient été subies par leurs ressortissants pendant la guerre et des dommages causés à leurs établissements industriels, commerciaux, etc., en Perse.

Le Gouvernement Persan estime que les dommages de ce genre sont la conséquence de la violation de sa neutralité, et il en rend responsables les auteurs de cette violation.

Paris, mars 1919.

MOCHAVER-OL-MEMALEK

Ministre des Affaires Étrangères de Perse.

Imprimerie GEORGES CADET, 7, rue Cadet, Paris (9e)

Paris 25 mars 1913

Monsieur,

Je vous avais promis de vous écrire mais j'ai été tellement occupé que je n'ai pas pu me donner ce plaisir, je vous prie de ne pas m'en vouloir.

J'ai l'honneur de vous envoyer ci-joint un exemplaire du Mémoire exposant les revendications du gouvernement hessrou à vis de la [illegible] de Espain, [illegible] que vous portez intérêt à notre cause et que nous [illegible] compter sur votre précieuse sympathie

[illegible handwritten letter]

Johann [illegible]

[illegible] Hôtel [illegible]

PERSE

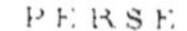

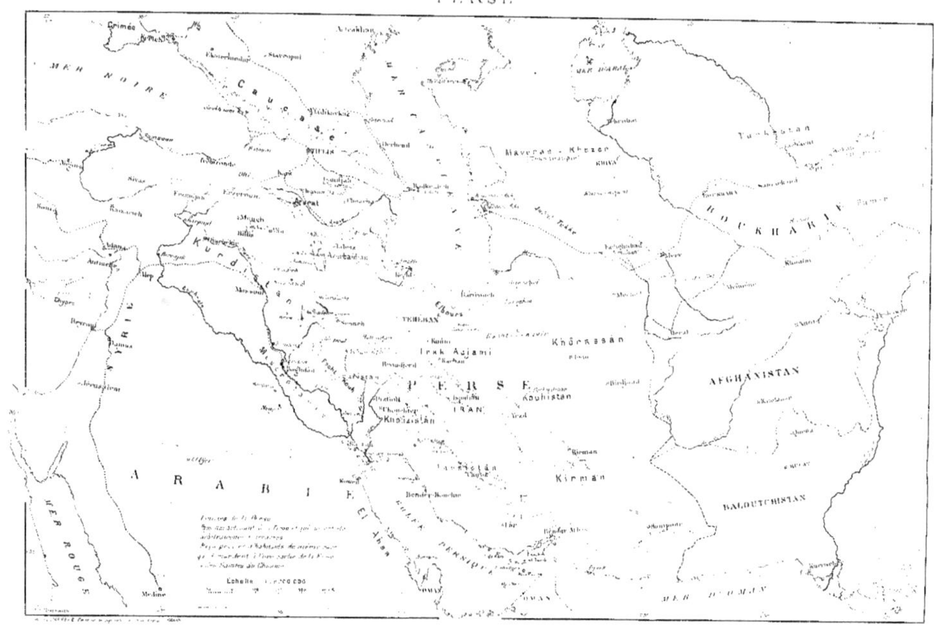

PERSE
MER NOIRE
Crimée
Caucase
MER ROUGE
Médine
ARABIE
El Ahsa
GOLFE PERSIQUE
Khouzistan
Louristan
IRAN
Irak Adjami
TEHERAN
Elbourz
Khorassan
Kouhistan
Kirman
Kirman
BALOUTCHISTAN
AFGHANISTAN
BOUKHARIE
Turkestan
KHIVA
Mawran - Khezer
OMAN
MER D'OMAN
Bender-Bouchir
Bender-Abbas
Kurdistan
Echelle 1 : 12 000 000

PERSE

MER NOIRE
Crimée
Astrakhan
Caucase
MER CASP.
TIFLIS
Ararat
Azerbaïdjan
Kourdistan
Maveran - Neher
(Transoxiane)
KHIVA
BOUKHARIE
Turkestan
AFGHANISTAN
TEHERAN
Khōrāssān
Elbovrz
Irak Adjemi
PERSE
Kouhistan
Khōuzistān
IRAN
Farsistan
Kirman
BALOUTCHISTAN
ARABIE
Jérusalem
Médine
MER ROUGE
Bagdad
EL HASA
GOLFE PERSIQUE
Bender-Bouchir
Bender-Abbas
OMAN
OMAN
MER D'OMAN
Echelle 1 : 250 000